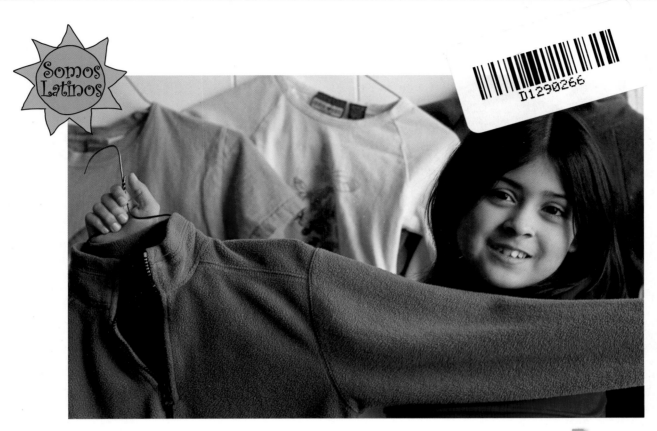

mis quehaceres · my chores

George Ancona

With Alma Flor Ada and F. Isabel Campoy
Language Consultants

Children's Press® A Division of Scholastic Inc.
New York · Toronto · London · Auckland · Sydney · Mexico City · New Delhi · Hong Kong · Danbury, Connecticut

To Margarida Cintra Gordinho

Thanks to the people who helped me produce this book:
To Jean Seidenberg and Walter Unglaub who brought me to
Jazmine Cerrato and her family. To Andrés Rodríguez and his family.
And to Martha Weiss of the Sweeney Elementary School.

Gracias,
G.A.

Library of Congress Cataloging-in-Publication Data

Ancona, George.
    Mis quehaceres = My chores / George Ancona.
       p. cm. — (Somos latinos)
    Parallel Spanish and English text.
    Includes bibliographical references and index.
    ISBN 0–516–25291–7 (lib. bdg.)   0–516–25499–5 (pbk.)
    1. Work—Juvenile literature. 2. Helping behavior—Juvenile literature.
  3. Hispanic American children—Juvenile literature.
I. Title. II. Title: My chores. III. Series: Ancona, George.
Somos latinos.
HQ784.W6A53 2005
546.7'8—dc22

Published in 2005 by Children's Press, an imprint of Scholastic Library Publishing.
Published simultaneously in Canada.
Printed in the United States of America.
1 2 3 4 5 6 7 8 9 10 R 14 13 12 11 10 09 08 07 06 05

Contenido • Contents

Introducción

Hay mucho que hacer en casa y en la escuela. Los dos niños de este libro, Jazmine y Andrés, tienen que ayudar a sus familias en los quehaceres de cada día. Los padres de Jazmine vinieron de Honduras, en Centroamérica. La madre de Andrés vino de Uruguay en Suramérica. Las dos familias hablan español en casa. Jazmine y Andrés hablan español e inglés muy bien.

Introduction

There are a lot of things to be done in a home and in school. The two children in this book, Jazmine and Andrés, are needed to help their families with the daily chores. Jazmine's parents came from Honduras in Central America. Andrés' mother came from Uruguay in South America. Both families speak Spanish at home. Jazmine and Andrés speak both Spanish and English fluently.

Mi nombre es Jazmine, con z. Lo primero que hago por las mañanas es tender mi cama. Después de doblar la manta aliso las sábanas. Luego pongo la manta sobre la cama y la cubro con almohadas y animalitos de peluche.

My name is Jazmine, spelled with a z. The first thing I do in the morning is make my bed. After I fold the blanket, I smooth the sheets. Then I put the blanket on the bed and cover it with pillows and my stuffed animals.

Tenemos un conejo que se llama Bebé, pero también lo llamo Gordo. Le doy lechuga, zanahorias, manzanas y galletas. Casi siempre está en el jardín, pero tiene una cesta especial en la casa.

Bebe

We have a pet rabbit called Bebé, but we also call him *Gordo*. I feed him lettuce, carrots, apples, and cookies. He usually stays in the yard, but he has his special basket in the house.

Mi hermano Giovani y yo limpiamos el jacuzzi que está en el patio. Cuando mi madre lava la ropa, yo la doblo y la cuelgo en perchas.

My brother Giovani and I clean the hot tub in the yard. When my mother does the laundry, I fold the clothes and put them on hangers.

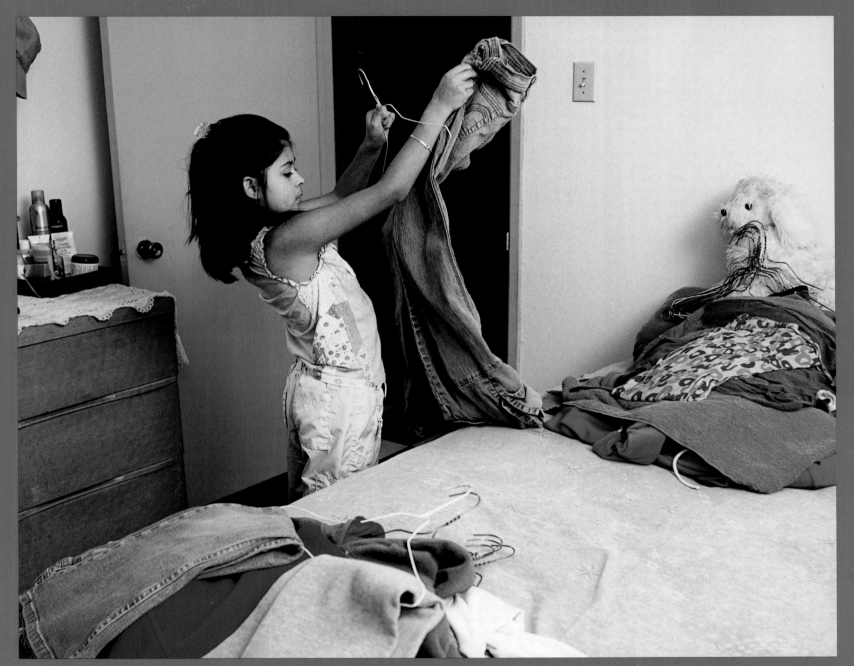

En la cocina, mi madre me deja cortar rodajas de limón. Después de cenar ayudo a mi hermana Jacqueline a lavar los platos. Ella los restriega y yo los enjuago.

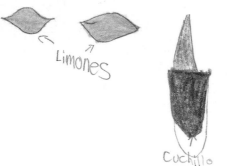

Limones

Cuchillo

In the kitchen, my mother lets me slice limes. After dinner, I help my sister Jaqueline wash the dishes. She scrubs them, and I rinse them off.

Me gusta hacer muchas cosas con mi familia. Trabajamos y jugamos mucho juntos. Pero las tareas escolares las hago sola.

I like to do many things with my family. We work and play together a lot. But I do my school homework alone.

Hola. Mi nombre es Andrés.
Uno de mis quehaceres favoritos
antes de ir a la escuela es dar
de comer a los peces.

Hello. My name is Andrés.
One of my favorite chores is
feeding the fish before I go
to school.

En la escuela, la maestra nos pide que nos turnemos en los quehaceres. En clase llevamos zapatillas. Cuando suena el timbre, uno de nosotros las pone en las estanterías. También limpiamos la pizarra.

At school, our teacher asks us to take turns at doing chores. We wear slippers in class. When the bell rings, one of us puts them all on the shelves. We also clean the blackboard.

Cuando llego a casa me gusta hacerle a mi abuela su taza de té de mate. Después de cenar lavo los platos. Todos me dicen que lo hago muy bien.

When I get home, I like to make my Grandma her cup of *mate* tea. After dinner, I wash the dishes. Everyone thinks I do a good job.

Al abuelo le gusta que lo ayude a ordenar los tornillos y los clavos. Por la noche me toca sacar la basura. Tirarla al cubo grande es como jugar baloncesto.

Grandpa likes me to help him by sorting his screws and nails. At the end of the day, I get to take out the garbage. Throwing it into the big can is like playing basketball.

Cuando he terminado con todos los quehaceres, puedo hacer mis tareas escolares. Pero lo último que tengo que hacer antes de irme a dormir es guardar mis juguetes.

After all the chores are done, I can then do my homework. But the last thing I have to do before going to sleep is put away my toys.

Los viajes de las familias

El padre de Jazmine, Héctor Cerrato, vino de Honduras a estudiar a los Estados Unidos. Regresó después de un año a visitar a su familia y conoció a su esposa Socorro. Desde entonces no se han separado. Después de casados vinieron a los Estados Unidos, pero cada año la familia va a Honduras. A Jazmine, Jacqueline y Giovani les encanta estar allí con sus abuelos, tías, tíos y primos.

María Rodríguez, la madre de Andrés vino de Uruguay a los Estados Unidos para mejorar su vida y la de sus hijos. Sus padres la siguieron y la ayudan cuidando a Andrés y a su hermana Cecilia mientras ella va a trabajar. Dos de las hermanas y hermanos de María están en los Estados Unidos, uno está en Canadá y dos viven en Uruguay.

The Family Journeys

Jazmine's father, Héctor Cerrato, came to the United States from Honduras to study. He returned a year later to visit his family and met his wife, Socorro. From that moment on, they have never been apart. After they married, they came to the United States, but every year the family goes to Honduras. Jazmine, Jaqueline and Giovani love the time they spend there with their grandparents, aunts, uncles, and cousins.

Andrés' mother, María Rodríguez, came from Uruguay to make a better life for herself and her children. Her parents followed her and help her by looking after Andrés and his sister Cecilia while she is at work. Of Maria's sisters and brothers, two are in the United States, one is in Canada, and two live in Uruguay.

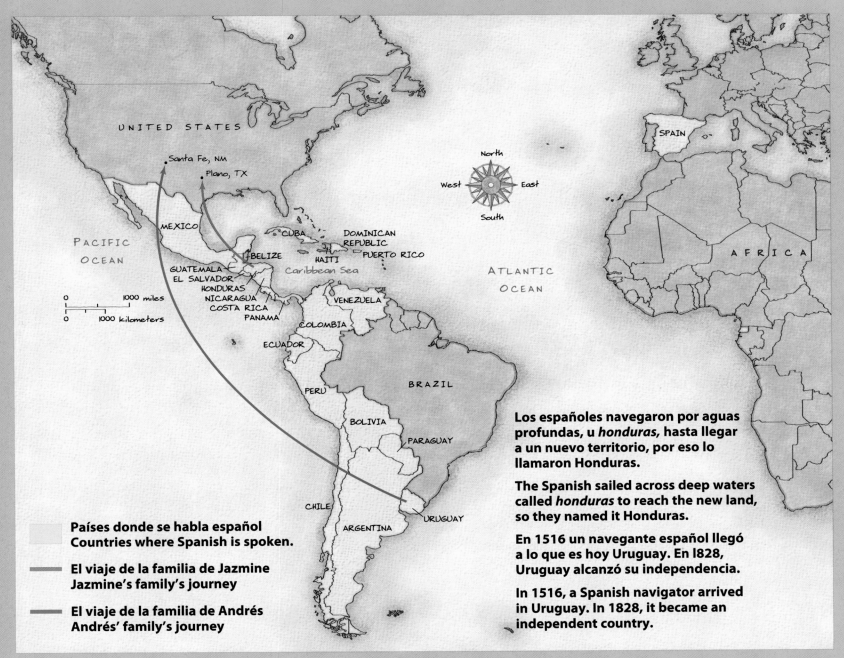

UNITED STATES

Santa Fe, NM

Plano, TX

MEXICO

PACIFIC
OCEAN

CUBA

DOMINICAN
REPUBLIC

BELIZE

HAITI

PUERTO RICO

GUATEMALA
EL SALVADOR
HONDURAS
NICARAGUA
COSTA RICA
PANAMA

Caribbean Sea

VENEZUELA

COLOMBIA

ECUADOR

PERÚ

BRAZIL

BOLIVIA

PARAGUAY

CHILE

ARGENTINA

URUGUAY

ATLANTIC
OCEAN

SPAIN

AFRICA

North

West   East

South

0   1000 miles

0   1000 kilometers

Países donde se habla español
Countries where Spanish is spoken.

El viaje de la familia de Jazmine
Jazmine's family's journey

El viaje de la familia de Andrés
Andrés' family's journey

Los españoles navegaron por aguas profundas, u *honduras,* hasta llegar a un nuevo territorio, por eso lo llamaron Honduras.

The Spanish sailed across deep waters called *honduras* to reach the new land, so they named it Honduras.

En 1516 un navegante español llegó a lo que es hoy Uruguay. En 1828, Uruguay alcanzó su independencia.

In 1516, a Spanish navigator arrived in Uruguay. In 1828, it became an independent country.

Quehaceres

Los quehaceres son pequeños trabajos que hay que
hacer en la casa, en la escuela, o en cualquier otro lugar
donde estemos. Algunos quehaceres son divertidos
y otros no. Los quehaceres te pueden ayudar no sólo
a ti, sino también a quienes tienes a tu alrededor,
ya sean familiares, amigos o incluso animales.
Es una forma en la que podemos relacionarnos
con otras personas, ayudándolos.

Chores

Chores are small jobs that we have to do around the house, at school, or any place where we spend time. Some chores are fun, and some are not. Chores can help not only yourself, but those around you, be they family, friends, or even animals. It is one way that we can connect with other people, by being helpful.

Palabras en español = Words in English

Palabras en español	=	Words in English
almohada	=	pillow
basura	=	garbage
cama	=	bed
canasto, cesta	=	basket
conejo	=	rabbit
galleta	=	cookie
juguetes	=	toys
limones	=	limes
manta, frazada, cobija	=	blanket
manzana	=	apple
pez (plural: peces)	=	fish
platos	=	dishes
tareas, deberes (escolares)	=	homework
tornillos	=	screws

Índice

Index

Sobre el autor

George Ancona aprendió muchas de sus destrezas haciendo quehaceres para las personas mayores que conocía en Brooklyn. Su padre era fotógrafo y George lo ayudaba en el cuarto oscuro. Dos de los tíos de George hacían carteles. De muchacho aprendió sobre los colores y las letras trabajando en el taller de sus tíos. Un vecino era carpintero y de él aprendió a usar herramientas. Hoy él usa estas experiencias para crear libros.

About the Author

George Ancona learned many of his skills by doing chores for the grown-ups he knew in Brooklyn. His father was a photographer, and George helped him in the darkroom. Two of George's uncles made signs. As a kid, he learned about colors and letters by working in their shop. One neighbor was a carpenter, from whom George learned how to use tools. He uses some of this experience today to make books.

Sobre Alma Flor Ada y F. Isabel Campoy

Alma Flor aprendió a ser jardinera junto a su abuela, a hacer papalotes observando a su padre, y piñatas, observando a su madre. Sus hijos le enseñaron a usar la computadora y ahora sus nueve nietos le enseñan a navegar por los mundos que se esconden en ellas.

About Alma Flor Ada and F. Isabel Campoy

Alma Flor learned how to be a gardener with her grandmother, to make kites watching her father, and piñatas watching her mother. Her children taught her to use a computer and now her nine grandchildren teach her to navigate through the worlds hidden in them.